EXTRAIT DE LA *REVUE CRITIQUE*
DE LÉGISLATION ET DE JURISPRUDENCE
NOVEMBRE 1897

INJURE ET DIFFAMATION
NON PUBLIQUES

LA PRESCRIPTION PAR TROIS MOIS
ÉTABLIE PAR L'ART. 65 DE LA LOI DE 1881 SUR LA
PRESSE, NE LEUR EST PAS APPLICABLE

PAR

M. LANCELOT
JUGE DE PAIX AU MANS

PARIS
LIBRAIRIE COTILLON
F. PICHON, SUCCESSEUR, ÉDITEUR
24, RUE SOUFFLOT, 24

1897

EXTRAIT DE LA *REVUE CRITIQUE*
DE LÉGISLATION ET DE JURISPRUDENCE
NOVEMBRE 1897

INJURE ET DIFFAMATION
NON PUBLIQUES

LA PRESCRIPTION PAR TROIS MOIS
ÉTABLIE PAR L'ART. 65 DE LA LOI DE 1881 SUR LA
PRESSE, NE LEUR EST PAS APPLICABLE

PAR

M. LANCELOT
JUGE DE PAIX AU MANS

PARIS
LIBRAIRIE COTILLON
F. PICHON, SUCCESSEUR, ÉDITEUR
24, RUE SOUFFLOT, 24

1897

INJURE ET DIFFAMATION

NON PUBLIQUES

La diffamation non publique, l'injure non publique, sont-elles punies par la loi du 29 juillet 1881 ?

Comme conséquence la prescription de trois mois, édictée par l'art. 65 de ladite loi sur la presse, est-elle applicable à l'injure non publique et par assimilation à la diffamation non publique?

POSITION DE LA QUESTION

Divers commentateurs ont émis l'opinion que la prescription de trois mois, établie par l'art. 65 de la loi de 1881, était applicable à l'injure non publique et par assimilation à la diffamation non publique.

D'autre part, plusieurs décisions judiciaires ont, conformément à cette doctrine, fait l'application de cette courte prescription à la diffamation et à l'injure non publiques dans les causes qui leur ont été soumises.

Cette application ne peut se justifier qu'autant que la diffamation non publique et l'injure non publique soient punies par la loi de 1881. La courte prescription de l'art. 65 est une disposition toute spéciale, tout exceptionnelle, qui n'a été établie et ne peut être appliquée que pour les crimes, délits et contraventions qui sont du domaine de la loi dans laquelle cette prescription est écrite.

Recherchons donc si la diffamation non publique et l'injure non publique sont punies par la loi de 1881.

Les commentateurs qui ont enseigné l'affirmative ont signalé comme favorable à leur opinion la mention faite par l'art. 45 de ladite loi.

Dans cet article le législateur, après avoir énuméré les infractions déférées à la Cour d'assises, et celles déférées aux tribunaux correctionnels, désigne les contraventions prévues par la loi qui sont soumises aux tribunaux de simple police. Il a été conduit par le sens équivoque de ce mot « prévu » à comprendre dans cette énumération le § 3 de l'art. 33 qui porte : *Si l'injure n'est pas publique, elle ne sera punie que de la peine prévue par l'art. 471 du Code pénal.*

L'injure non publique est bien prévue par la loi de 1881 en ce sens qu'elle y est mentionnée au paragraphe que nous venons de transcrire, et à ce titre elle a pu être comprise dans l'énumération de l'art. 45 pour que cette énumération fût complète. Mais ce fait n'a en lui-même aucune importance.

L'art. 45 n'innove rien en ce qui concerne l'injure non publique. Celle-ci était dans les attributions des tribunaux de simple police de par les art. 376 et 471 du Code pénal, de par ce principe général que toutes les contraventions de droit commun sont du ressort des tribunaux de simple police. L'art. 45 n'a donc rien changé à l'état antérieur.

Son énonciation est en concordance avec le § 3 de l'art. 33, soit que ce paragraphe constitue une disposition nouvelle substituée aux dispositions antérieures sur l'injure non publique suivant l'opinion que nous combattons, soit qu'il constitue un simple renvoi à l'art. 471, c'est-à-dire, à la législation antérieure comme nous le soutenons.

C'est donc le sens, la portée du § 3 de l'art. 33 qu'il faut dégager.

EXAMEN DE LA JURISPRUDENCE

Examinons d'abord les décisions qui ont admis que l'injure non publique et la diffamation non publique étaient punies par la loi de 1881.

Parmi les décisions citées dans les recueils, il en est deux plus importantes, les premières en date, savoir : un arrêt de la Cour de Paris du 19 mars 1885 et un arrêt de la Cour de cassation du 21 décembre 1885.

La Cour de Paris avait à prononcer sur l'appel d'un sieur Chaigneau, qui poursuivait un sieur Bodmer lui reprochant de l'avoir diffamé dans les journaux et devant les membres de l'Association des artistes peintres, à laquelle Chaigneau avait présenté une demande d'admission. La Cour, après avoir déclaré la demande irrecevable en ce qui concernait la diffamatien dans les journaux à cause de l'expiration du délai de trois mois, a statué en ce qui concerne la diffamation devant les membres de l'Association des artistes peintres en ces termes :

Considérant que les derniers faits constituent une diffamation verbale non publique assimilée à la contravention d'injure et comme telle punie par l'art. 33 de la même loi (1881) et par l'art. 471 du Code pénal :

Qu'ils sont comme les premiers soumis à la prescription de trois mois édictée par l'art. 65 de la loi du 29 juillet 1881.

La déclaration de la Cour est formelle.

Partant de cette idée que l'injure non publique est réprimée par la loi de 1881, elle en conclut que l'injure non publique et aussi la diffamation non publique que la jurisprudence avait coutume de lui assimiler, doivent être soumises à la prescription de trois mois établie par l'art. 65 de la loi de 1881.

Mais il est à remarquer que la Cour n'appuie par aucune considération cette déclaration que l'injure non publique est punie par la loi de 1881.

On ne peut donc tirer de cet arrêt un argument raisonné en faveur de l'opinion admise par la Cour.

N'est-il pas permis de supposer que les circonstances de fait ont pu influencer l'esprit des conseillers et les prédisposer à accueillir facilement un moyen de renvoyer un demandeur qui avait laissé passer plus de trois mois sans s'émouvoir des imputations diffamatoires publiées contre lui dans la presse, et qui n'avait songé à les relever que lorsque leur auteur avait combattu sa demande d'admission dans l'association où il avait projeté d'entrer?

Dans l'affaire déférée à la Cour de cassation sur laquelle il a été statué par l'arrêt du 21 décembre 1885, il s'agissait non plus d'une diffamation non publique, mais d'une injure.

Un sieur Labbé avait été condamné par un tribunal de paix à 150 francs de dommages-intérêts pour injure contre une dame Paviot. Il avait interjeté appel. L'avoué constitué par les époux Paviot ayant laissé passer plus de trois mois avant de signifier des conclusions, Labbé avait pour ce fait invoqué la prescription.

Le tribunal avait déclaré l'action prescrite.

Le pourvoi portait donc principalement sur la question de savoir si une action qui était en instance près d'un tribunal pouvait être prescrite par ce fait que l'avoué du demandeur au principal avait laissé passer plus de trois mois sans poser de conclusions; mais incidemment on avait dû agiter la question de savoir si la prescription de trois mois était applicable à la contravention d'injure.

La Cour a répondu à cette question par des considérations générales ainsi conçues :

Attendu que quelle que soit la juridiction saisie par le demandeur, les règles de l'art. 65 de la loi du 29 juillet 1881 sont seules applicables à tous délits et contraventions de la presse et de la parole que la loi nouvelle a bien prévus puisque, substituée désormais à toutes les lois antérieures en cette matière, elle spécifie la nature des infractions et détermine les conditions de leur poursuite.

Avant d'examiner la valeur de ces propositions générales, plusieurs remarques sont à faire :

Le mot *prévu,* qui figure dans l'attendu de la Cour, est évidemment employé avec le sens du mot *puni,* puisque la Cour dit que la loi de 1881 s'est substituée aux lois antérieures, lesquelles réprimaient tous délits et contraventions de la presse et de la parole.

L'arrêt, dans l'énoncé des diverses propositions qui entrent dans son attendu, a interverti l'ordre naturel du raisonnement. La première proposition portant que les règles de l'art. 65 sont seules applicables à tous délits et contraventions de la presse et de la parole, n'est en effet que la conséquence de cette autre proposition que la loi de 1881 s'est substituée à toutes les lois antérieures. Si cette dernière proposition est inexacte, la conséquence le sera aussi.

Nous remarquerons en troisième lieu que la Cour de cassation essaye, ce que n'avait pas fait la Cour de Paris, d'établir que la loi de 1881 a bien *prévu, puni*, tous délits et contraventions de la parole aussi bien que tous délits et contraventions de la presse et s'est substituée à toutes les lois antérieures. Cela est, dit la Cour, puisque la loi de 1881 spécifie la nature des infractions et détermine les conditions de la poursuite.

L'auteur du *Commentaire de Dalloz* (dans le supplément au Répertoire, au mot *Presse*, n° 1060 et suivants), remplaçant la proposition générale de la Cour, qui, à cause de sa généralité, était vraie en partie, notamment en ce qui touche les délits, en fait une proposition particulière à l'injure non publique en disant : « Aujourd'hui, sans aucun doute, l'injure non publique est une « contravention prévue et punie par la loi sur la presse, car la « loi définit la contravention et prononce la peine qui lui est « applicable, ne renvoyant à l'art. 471 que pour indiquer, au « moyen de ce renvoi, le *quantum* de la peine. »

Nous verrons tout à l'heure si ces affirmations n'ont pas été faites à la légère et sans un examen assez attentif des textes.

Recherchons tout d'abord s'il est vrai de dire, avec l'arrêt du 21 décembre 1885, que la loi de 1881 s'est substituée à toutes les lois antérieures réprimant tous délits et contraventions de la parole.

Nous empruntons la réponse à la Cour de cassation elle-même qui, dans son arrêt du 18 novembre 1886, rendu par la Chambre criminelle, fait une déclaration absolument opposée à celle de l'arrêt du 21 décembre 1885, déclaration appuyée, fondée sur l'art. 68 de la loi de 1881.

M. de Mortillet, maire de Saint-Germain en Laye, avait révoqué le chef de la musique municipale. Quelques membres de la société étant venus lui demander les motifs de cette révocation, M. de Mortillet leur avait répondu : « Je ne veux pas perdre ce malheureux, mais j'ai plein une armoire de preuves d'abus de confiance commis par M. Allard. »

Ce dernier poursuivit M. de Mortillet devant le tribunal de simple police de Saint-Germain.

Le juge de police de Saint-Germain, admettant comme l'arrêt de cassation du 21 décembree 1885 que nous venons de citer que la loi de 1881 s'était substituée à toutes les lois antérieures ayant trait aux infractions commises par la parole et que le § 3 de l'art. 33 de cette loi constituait désormais la seule disposition pénale régissant l'injure non publique ; observant, d'une part, que la loi de 1881 avait reproduit les définitions par lesquelles la loi de 1819 avait établi une distinction caractéristique entre la diffamation et l'injure, et que, d'autre part, il n'y avait, dans la loi de 1881, aucune disposition visant la diffamation non publique, concluait de ces observations que le législateur de 1881 n'avait pas voulu punir la diffamation non publique, laissant à la partie lésée le seul moyen de réparation civile tirée de l'art. 1382 du Code civil. Le juge de Saint-Germain pensait qu'on ne pouvait, sans fausser l'intention du législateur, procéder par voie d'assimilation entre l'injure non publique et la diffamation non publique, alors que la loi avait séparé l'injure et la diffamation par des définitions précises.

Ce jugement fut déféré à la Cour de cassation qui, reconnaissant que ce raisonnement était irréfutable, abandonna les déclarations contenues en son arrêt du 21 décembre 1885.

Celui-ci disait que la loi de 1881 s'était substituée à toutes les lois antérieures pour tous délits et contraventions de la presse et de la parole ; tout au contraire, l'arrêt du 18 novembre 1886 déclare que : *l'abrogation écrite dans l'art. 68 de la loi de 1881 est limitative et doit être bornée aux dispositions législatives réprimant les injures commises par la voie de la presse et par des discours proférés dans des lieux ou réunions publics.*

De la déclaration générale de l'arrêt du 21 décembre 1885, il résulterait que la diffamation non publique comme l'injure non publique ne pouvaient être punies que par application de la loi de 1881 qui se serait substituée à toutes lois antérieures sur la matière ; l'arrêt du 18 novembre 1886 porte au contraire :

Attendu que la diffamation non publique, assimilée à l'injure, est réprimée par l'art. 471 § 11 du Code pénal.

Que sous la loi antérieure à celle de 1881, la jurisprudence avait consacré la doctrine que, si les propos incriminés n'ont pas été proférés publiquement, il en résulte seulement qu'ils peuvent être assimilés aux injures verbales qui, aux termes des art. 376 et 471 du Code pénal, sont passibles de peines de police.

Que, dans son art. 33, la loi de 1881 disposant que, si l'injure n'est pas publique, elle ne sera punie que de la peine prévue par l'art. 471 du Code pénal, le jugement a violé ce texte.

Par ces motifs, casse.

Comment le juge de Saint-Germain avait-il violé le texte de l'art. 33? Ce n'est pas en tirant une fausse conséquence de ce principe admis par lui après la Cour de Paris et la Cour de cassation en leurs arrêts de 1885 précités, à savoir : que la loi de 1881 était désormais la seule loi répressive de l'injure.

L'arrêt de 1886, que nous venons de citer, reconnaîssait implicitement que, ce point de départ admis, le raisonnement était juste. La violation du texte de l'art. 33, relevée par la Cour, ne peut consister qu'en ce que le juge de Saint-Germain avait admis à tort que la loi de 1881, par le § 3 de l'art. 33, punissait l'injure; que ce paragraphe constituait une disposition nouvelle substituée aux dispositions antérieures.

Il est impossible d'expliquer autrement la conclusion de l'arrêt.

Remarquons, du reste, que l'application de l'art. 376 et de l'art. 471 du Code pénal ne peut être logiquement faite à la diffamation non publique qu'autant que ce n'est pas la loi de 1881 qui punit l'injure non publique.

Le mot injure, dans l'art. 376, n'a pas le sens restreint qui lui a été attribué par la loi de 1819, et maintenu par la loi de 1881. Pour les auteurs du Code pénal, le mot injure était un terme générique qui s'appliquait même aux imputations de fait. On peut le constater dans plusieurs de ses dispositions et notamment dans le libellé de l'art. 377 ancien, 3e alinéa, où il était dit : *Si les injures ou écrits injurieux portent le caractère de calomnie grave...* Or, qui dit *calomnie* dit *imputation de fait.* Pour rendre l'idée de l'art. 377, en se servant du vocable juridique actuel, il faudrait dire : Si les *diffamations* ou écrits *diffamatoires* portent le caractère de calomnie grave...

Le mot diffamation ne figurait pas dans le vocable des auteurs du Code pénal. Il a été introduit dans la loi de 1819 avec un sens défini, limité aux imputations de fait, tandis que le mot *injure* a été réduit à la désignation des expressions outrageantes, termes de mépris ou invectives qui ne renferment l'imputation d'aucun fait.

Sous le régime du Code pénal, avant la loi de 1819, la jurisprudence était donc dans le domaine de la loi en punissant l'imputation de fait non publique par application de l'art. 376, où les auteurs du Code pénal, après avoir, dans les articles précédents, réprimé la calomnie et les injures publiques, ont ainsi disposé : *Toutes autres injures ou expressions outrageantes qui n'auraient pas ce double caractère de gravité et de publicité ne donneront lieu qu'à des peines de simple police.*

Sous la loi de 1819, la même jurisprudence a pu être suivie, parce que cette loi, sans que cela eût été contesté, avait laissé l'injure non publique en dehors de ses dispositions, par son art. 20, où elle déclarait : *Néanmoins, l'injure qui ne renfermerait pas l'imputation d'un vice déterminé et qui ne serait pas publique continuera d'être punie des peines de simple police.* En conséquence, les art. 376 et 471 étaient maintenus et conservaient naturellement le sens que leur avait donné les auteurs du Code pénal.

Mais, si c'est aujourd'hui la loi de 1881 qui punit l'injure non publique, on ne peut attribuer aux auteurs de cette loi l'idée d'avoir, tout en faisant une disposition nouvelle sur l'injure non publique, voulu que l'art. 376 pût être appliqué à la diffamation non publique, conservant ainsi juxtaposées une disposition ancienne et une disposition nouvelle où le mot injure n'aurait pas le même sens. La raison se refuse à prêter au législateur de 1881 une pareille pensée.

Ainsi donc, nous ne pouvons admettre avec l'arrêt de cassation du 18 novembre 1886, que c'est l'art. 376 du Code pénal qui punit la diffamation non publique qu'autant que ce n'est pas le § 3 de l'art. 33 de la loi de 1881 qui punit aujourd'hui l'injure non publique.

EXAMEN DES TEXTES.

I. — Le paragraphe 3 de l'art. 33; — Ce qu'il dit, ce qu'il ne dit pas.

Examinons donc ce fameux § 3 et cherchons à en déterminer le sens, la véritable portée, en l'étudiant en lui-même, en étudiant aussi les autres dispositions de la loi, qui ont avec lui quelque rapport et enfin en considérant les conséquences qui résulteraient du fait que l'injure non publique serait régie par la loi de 1881.

Rappelons que ce § 3 est ainsi conçu : *Si l'injure n'est pas publique, elle ne sera punie que de la peine prévue par l'art. 471 du Code pénal.*

On voit par la conjonction *si*, par laquelle ce paragraphe commence, qu'il se relie au § 2 qui le précède, lequel punit l'injure publique contre les particuliers, sans distinction entre elles, d'une amende de 16 à 300 francs et de cinq jours à deux mois de prison ou de l'une de ces deux peines seulement.

Pour comprendre l'insertion de ce § 3 dans la loi de 1881, il faut se rappeler que la loi de 1819, après avoir, dans son art. 19, puni l'injure publique contre les particuliers d'une amende de 16 à 500 francs, ajoutait à l'art. 20 : *Néanmoins, l'injure qui ne renferme pas l'imputation d'un vice déterminé ou qui ne sera pas publique continuera à être punie des peines de simple police.*

La loi de 1881 a supprimé l'exception qui profitait à l'injure publique ne renfermant pas l'imputation d'un vice déterminé, exception faite d'abord par le Code pénal et continuée par la loi de 1819. Toutes les injures publiques, sans distinction, sont, par la loi de 1881, soumises à des peines correctionnelles. Cette loi a même ajouté l'emprisonnement à l'amende, laissant au juge le soin de régler la peine suivant la mesure de la faute, dans les limites par elle déterminées.

Pour mieux marquer la suppression de l'exception ancienne, pour indiquer nettement que le domaine d'application de l'art. 471 se trouve désormais plus limité, le législateur de 1881 n'y renvoie l'injure pour l'application des peines de simple police que si l'injure n'est pas publique, seulement dans ce cas de non publicité.

Voilà, suivant nous, la raison d'être, le sens unique de ce paragraphe; il détermine la sphère d'action de l'art. 471.

Est-il vrai qu'on puisse, au contraire, reconnaître dans la teneur de ce § 3 que le législateur de 1881 a entendu en faire une disposition nouvelle pour punir l'injure non publique? Est-il vrai qu'on puisse lui appliquer la déclaration générale signalée plus haut dans l'arrêt de cassation du 21 décembre 1885 et dire de lui qu'il a spécifié la nature de la contravention et déterminé les conditions de la poursuite? Est-il vrai, suivant la déclaration faite au commentaire de Dalloz, inspirée par celle de l'arrêt précité, que la loi de 1881 a défini la contravention d'injure non publique et prononcé la peine qui lui est applicable?

C'est par la nature et l'importance de la peine qui lui est appliquée que se détermine la nature légale d'une infraction, et qu'elle doit être rangée dans la classe des crimes, des délits ou des contraventions. Est-ce donc le § 3 qui a déterminé les peines applicables à l'injure non publique? Mais ce paragraphe dit, au contraire, que la peine est prévue par l'art. 471 du Code pénal. Il n'est donc pas vrai que ce soit la loi de 1881 qui détermine et qui prononce la peine, et qui, par suite, définit cette contravention et en spécifie la nature!

Est-ce du moins le § 3 qui détermine la condition de la poursuite? Il n'y est pas dit un mot de cette condition. C'est encore à l'art. 471 § 11 que cette condition est exprimée. C'est là qu'il est dit que l'injure ne sera punie que s'il n'y a pas eu de provocation.

Ainsi donc le § 3 ne renferme rien de ce qui devrait servir à faire reconnaître que c'est par lui que le législateur de 1881 a voulu pour l'avenir réprimer l'injure non publique.

II. — Comment on a été conduit à prétendre que l'injure non publique était aujourd'hui punie par la loi de 1881.

Comment donc, alors que, à première lecture, le § 3 apparaît si naturellement comme un simple renvoi à l'art. 471, comment a pu prendre naissance l'idée que la loi de 1881 avait, par ce paragraphe, remplacé les dispositions anciennes sur l'injure non publique?

Cette pensée n'est pas née spontanément, directement : elle s'est présentée je dirais presque subrepticement à l'occasion de l'application de l'art. 65 qui a établi la prescription de trois mois *pour les actions résultant des crimes, délits et contraventions prévues par la présente loi.*

Pour opposer une fin de non-recevoir au cas d'injure non publique, on s'est appuyé sur ce mot *prévu* dont le sens est équivoque. D'ailleurs, on pouvait être influencé par cette pensée que l'injure non publique étant moins grave aux yeux du législateur que l'injure publique, la courte prescription semblait lui convenir mieux encore qu'à celle-ci. C'est là un raisonnement sur première apparence dont le mal fondé se révèle lorsqu'on fait réflexion sur la différence de nature entre l'injure publique et l'injure non publique, entre la diffamation publique et la diffamation non publique, et la conséquence que cette différence entraîne.

On a compris, d'ailleurs, que cette application de la prescription établie par l'art. 65 ne pouvait se justifier que si l'injure non publique était punie par la loi de 1881, et on a affirmé qu'elle était en effet punie par le § 3 de l'art. 33. On l'a soutenu avec d'autant plus d'insistance, que le texte de ce paragraphe devait, disait-on, servir à atteindre plus sûrement l'injure non publique, sous quelque forme qu'elle se produisît.

L'expression injure non publique sans autre déterminatif, remarquait-on, est beaucoup plus large que la formule de l'art. 471 § 11 qui dispose sur l'injure *proférée* contre quelqu'un.

Cette observation s'éloigne de la question qui est de savoir, non si la formule serait commode, mais quelle a été la pensée du législateur. Du reste, elle est sans valeur et n'a pu se produire que parce qu'on avait perdu de vue l'existence de l'art. 376 du Code pénal rappelée par la Cour de cassation dans son arrêt du 18 novembre 1886, article dont l'extension est plus grande que celle de la déclaration du § 3, puisque le mot injure dans l'esprit des auteurs du Code pénal s'étendait, comme nous l'avons constaté, aux imputations de faits classées à part depuis sous le nom de diffamation.

III. — Conséquences qui découlent de ce faux principe.

Après avoir posé en principe que la loi de 1881 punissait l'injure non publique, on devait affirmer comme conséquence que toutes les dispositions antérieures relatives à l'injure non publique étaient abrogées, une disposition nouvelle ne pouvant se comprendre sans l'abrogation des dispositions antérieures sur la même matière.

Du même principe, il ressortait que toutes les dispositions de la loi de 1881 ayant quelque rapport avec cette contravention devaient lui être appliquées.

C'est en effet comme conséquence de ce principe, qu'on déclare au Répertoire de Dalloz (supplément) au mot *Presse*, nº 1060 et suivants :

1º Que la prescription de 3 mois édictée par l'art. 65 est applicable à l'injure non publique ;

2º Que la non-aggravation des peines pour cause de récidive, établie par les art. 63 et 64, est aussi applicable à l'injure non publique, en sorte que l'art. 474 qui punit de un à trois jours d'emprisonnement la récidive dans le cas des contraventions prévues à l'art. 471 cesserait d'être applicable au cas d'injure non publique ;

3º Que toutes les prescriptions minutieuses de l'art. 60 relativement à l'instruction des délits et contraventions punis par la loi de 1881 seraient applicables à l'injure non publique à part la plainte préalable.

IV. — Réfutation. — La volonté du législateur de 1881 telle qu'elle est révélée par les textes. — Motifs de raison qui la justifient.

Pour réfuter toutes ces idées, il suffit d'interroger les textes. On y trouve clairement révélée la pensée du législateur. Nous ne croyons pouvoir la mieux faire ressortir qu'en laissant parler le législateur lui-même pour présenter la réfutation suivant le sens qui nous apparaît dans les textes.

Vous prétendez, dirait-il, que j'ai voulu, par le § 3 de l'art. 33, faire une disposition nouvelle sur l'injure non publique et substituer cette disposition aux dispositions anciennes, et cependant vous n'avez rien trouvé dans l'exposé des motifs à citer à l'appui de votre opinion.

D'ailleurs, en me prêtant cette volonté, vous me mettez en contradiction formelle avec moi-même.

La loi a un objet tout spécial, elle est intitulée *loi sur la presse*. Si j'y ai fait entrer la répression de la diffamation et de l'injure publiques verbales, c'est parce qu'elles ont avec la presse un point commun, la publicité; mais ce caractère est précisément contraire à la nature de la diffamation et de l'injure non publiques.

Par l'intitulé du chapitre IV, qui est la reproduction exacte de l'intitulé de la loi du 17 mai 1819 et par l'article 23 qui énonce les moyens de publication visés par moi, j'ai limité d'une manière plus précise les objets sur lesquels devaient porter mes dispositions répressives. Cet intitulé indique que j'ai voulu réprimer *les crimes et les délits commis par la voie de la presse et par tout autre moyen de publication.*

Or, je viens de le dire, la diffamation et l'injure non publiques ne sont pas au nombre des moyens de publication, elles ne sont pas non plus des délits, puisque je les ai laissées soumises aux peines de simple police prévues par l'art. 471 du Code pénal.

Ce n'est assurément pas par là que vous pouvez reconnaître que j'ai voulu légiférer sur l'injure non publique.

Dans l'art. 60, portant les règles de la procédure à suivre pour la poursuite des délits et contraventions réprimés par la loi, j'ai exigé une plainte préalable de la partie lésée avant l'exercice de la poursuite en ce qui concerne les injures et les diffamations publiques comme l'avait fait l'art. 5 de la loi du 26 mai 1819, relative à la poursuite des crimes et des délits commis par la voie de la presse prévus par la loi du 17 du même mois qu'elle complétait. Pourquoi n'ai-je pas exigé la plainte préalable à l'égard de l'injure non publique? Vous ne donnez à cela aucune explication.

Ce n'est pas assurément parce que l'ordre public m'a paru plus intéressé à la répression des injures et diffamations non publiques qu'à celle des injures et diffamations publiques?

Si je n'ai pas exigé la plainte préalable pour l'injure non publique, c'est précisément parce que cette contravention n'est pas réprimée par la loi de 1881, non plus que par celle du 17 mai 1819 et que je ne pouvais appliquer à cette contravention, qui demeurait dans le droit commun, une disposition exceptionnelle édictée dans une loi toute spéciale.

Vous admettez que j'ai voulu que la diffamation non publique continuât à être punissable. Où voyez-vous dans la loi de 1881 la manifestation de cette volonté?

Il n'est pas dans cette loi fait la moindre mention de cette contravention. Vous dites que la diffamation non publique, après la loi de 1881 comme avant, doit être punie par assimilation avec l'injure non publique. Mais la distinction que j'ai faite, comme l'avait faite la loi de 1819 entre la diffamation et l'injure, ne vous permettrait pas d'appliquer à l'une la disposition que j'aurais faite suivant vous pour l'autre.

Vous avez, il est vrai, avisé à un moyen singulier pour tourner la difficulté. Vous dites : la diffamation non publique est une *injure exceptionnelle* (Dalloz) et vous pensez que, grâce à ce qualificatif, la diffamation et l'injure ne font plus qu'un! Une pareille argumentation qui déguise la diffamation en la masquant sous un nom qui n'est pas le sien pour la faire entrer dans un système de pure imagination, se heurtant partout aux textes, ne peut être prise au sérieux!

Comment, d'ailleurs, voulant que la diffamation non publique pût être punie d'après mes dispositions, aurais-je eu la singulière idée de laisser au juge le soin de le faire par assimilation avec l'injure non publique, alors que je pouvais si facilement comprendre nominativement la diffamation non publique dans mes dispositions?

Vous prétendez que j'ai voulu substituer le § 3 aux dispositions antérieures! Comment n'ai-je pas marqué cette intention dans l'art. 68, où j'énumère les matières qui étaient réglées par les lois que j'abrogeais. Au nombre de ces matières, j'énonce *les crimes et délits qui étaient prévus par les lois sur la presse et les autres moyens de publication.* Ce qui ne peut s'appliquer à l'injure non publique, simple contravention qui, du reste, n'était pas punie par les lois antérieures sur la presse et autres moyens de publication, au nombre desquels elle ne peut être comprise, à raison même de son caractère de non-publicité?

Comment, si j'avais voulu abroger l'art. 471 du Code pénal, aurais-je fait un renvoi à cet article?

Vous prétendez que je n'ai renvoyé à cet article que pour indiquer *le quantum de la peine*, à quoi reconnaissez-vous cette intention? Comment n'aurais-je pas pensé à éviter un renvoi pour si peu, ce qui eût été si facile!

Cette idée forcée vous a été suggérée par le besoin d'étayer votre système; vous avez senti que s'il était admis que le renvoi du § 3 de l'art. 33 portait sur le § 11 de l'art. 471, où est citée l'injure avec la condition de culpabilité (la non-provocation), il apparaîtrait alors trop évidemment que je n'ai pas abrogé la disposition ancienne?

D'un autre côté, tout en disant que je n'ai pas renvoyé au § 11 de l'art. 471, qui porte la condition de non-provocation, vous prétendez que j'ai maintenu cette condition. D'où et comment le savez-vous? Vous déclarez qu'on doit aller relever cette condition dans le § 2 de l'art. 33, mais je n'ai disposé au § 2 que pour l'injure publique, et dans le § 3, je n'ai fait aucun renvoi à ce § 2. Comment donc êtes-vous autorisé à aller chercher là cette condition de la non-provocation, et pourquoi ne voulez-vous pas qu'on la prenne dans le § 11 de l'art. 471, auquel je renvoie?

Vous ne pouvez alléguer aucune bonne raison à l'appui de votre système.

La prétendue disposition que vous voulez voir dans le § 3 serait une disposition vide où je n'aurais inséré ni l'énoncé de la peine, ni la condition de non-provocation, ni aucune indication pouvant établir que la répression s'étendait à la diffamation non publique.

J'aurais fait de cette disposition un véritable casse-tête pour le juge. Il faudrait avec cette disposition singulière que le juge, pour prononcer jugement, en donnant lecture des textes, eût à la main à la fois le Code pénal et la loi de 1881, qu'il donnât lecture, non seulement du § 3 de l'art. 33, mais aussi du § 2 du même article et de la première ligne seulement de l'art. 471

du Code pénal. Ne serait-ce pas une disposition bien singulière?

Les applications que vous faites par voie de conséquence de plusieurs des dispositions de la loi de 1881 à l'injure non publique ne paraissent pas moins extraordinaires.

De ce que l'injure non publique serait punie par la loi de 1881, il s'ensuivrait, dites-vous avec raison, que la prescription de trois mois, établie par l'art. 65, lui serait applicable.

Mais si la disposition nouvelle que vous m'attribuez conduit à cette conséquence, vous m'imputez ou de n'avoir pas su voir qu'il y avait une différence essentielle entre l'injure non publique et l'injure publique, que, par suite de la non-publicité, la personne lésée était exposée à n'avoir pas connaissance, dans le délai de trois mois, de l'atteinte portée à son honneur, à sa considération; qu'elle serait ainsi exposée à être privée de la faculté de demander réparation; ou bien vous admettez que j'ai pu prévoir cette difficulté, cette injustice, mais que je n'ai pas voulu en tenir compte. Dans le premier cas, j'aurais été inintelligent, dans le second, j'aurais fait un acte déraisonnable.

Vous prétendez encore que j'aurais voulu, par voie de conséquence, que l'aggravation de la peine pour cause de récidive cessât d'être applicable à l'injure non publique et à la diffamation non publique, que les auteurs de diffamation et d'injure non publiques ne pussent être condamnés à la peine d'emprisonnement prévue par l'art. 474 du Code pénal.

D'où il suivrait qu'une personne haineuse pourrait réitérer ses injures, ses diffamations, sans jamais encourir d'autre risque pénal que le paiement de quelques francs d'amende.

Où donc avez-vous vu que telle a été ma volonté? Comment, alors que j'ai aggravé les peines pour l'injure publique en ajoutant l'emprisonnement à l'amende, et en soumettant toutes les injures publiques, sans distinction, à des peines correctionnelles, êtes-vous autorisé à prétendre que j'ai voulu soumettre l'injure non publique et la diffamation non publique à une disposition qui annulerait presque la répression ou, du moins, pourrait la rendre inefficace?

Comment, d'autre part, concilier cette volonté d'adoucir la pénalité qui la concerne avec l'intention que vous me prêtez d'avoir voulu, par le § 3 de l'art. 33, donner un texte plus large pour permettre d'atteindre plus facilement l'injure non publique, sous quelque forme qu'elle se produisît?

De quelque côté qu'on vous suive, on n'aboutit qu'à des contradictions, à des incohérences.

Si j'avais fait l'œuvre que vous m'attribuez, j'aurais été le législateur le plus inintelligent et le plus malhabile qu'on puisse rêver.

Telles seraient les critiques que pourrait faire le législateur en rappelant les textes qui manifestent clairement sa volonté vraie (1).

Examen de deux décisions plus récentes.

On a invoqué un arrêt de cassation du 15 janvier 1891 qui a rejeté un pourvoi fait contre un jugement de police par lequel il avait été fait application de la prescription de trois mois édictée par l'art. 65 de la loi de 1881 à une action intentée pour injure non publique.

Sur quel motif cet arrêt est-il fondé?

L'arrêt, après avoir rapporté les termes de l'art. 65, ajoute : *Attendu que la disposition pénale de l'art. 33 de la loi de 1881 a prévu la contravention d'injure non publique et déclaré qu'elle ne serait punie que de la peine édictée par l'art. 471 du Code pénal.*

Que cette contravention figure en conséquence au nombre de

(1) Il convient de mettre ici en évidence la contradiction qui existe entre ce qui est enseigné au Supplément du Répertoire de Dalloz que nous avons réfuté, et ce qui est enseigné au Dalloz périodique 1887.

Sous l'arrêt de Cassation du 18 nov. 1886, inséré au Périodique de 1887. 1. 189 à la note 2-3, l'annotateur, après avoir rappelé que la loi de 1881 dispose : que l'injure non publique ne sera punie que de la peine prévue par l'art. 471 du Code pénal, ajoute : On s'explique difficilement qu'en présence de ce texte formel le jugement attaqué ait prétendu trouver dans l'art. 68 de la loi de 1881 l'abrogation implicite de l'art. 471 du Code pénal... « Il ressort clairement du texte de l'art. 68, dit l'annotateur, aussi bien que « des explications du rapporteur à la Chambre des députés, que le législateur « de 1881 n'a voulu abroger que la législation sur la presse et les moyens « de publication. »

Mais s'il est vrai de dire avec l'arrêt du 18 nov. 1886 que la loi de 1881 *celles qui se prescrivent par trois mois révolus à compter du jour où elles ont été commises.*

On est surpris de voir apparaître, après les décisions de la jurisprudence et les discussions de la doctrine que nous avons examinées, un arrêt motivé sur l'équivoque du mot *prévu*.

Cet arrêt rétrograde, il nous fait pour ainsi dire toucher du doigt la cause primitive de l'opinion erronée que nous combattons.

L'arrêt de la Cour de Paris du 15 mars 1885 avait basé sa décision sur ce que la loi de 1881 *punissait* l'injure non publique.

L'arrêt de cassation du 21 décembre 1885 fondait l'application de l'art. 65 à tous délits et contraventions de la presse et de la parole sur ce que la loi de 1881 *s'était substituée à toutes les dispositions antérieures en la matière.*

L'arrêt du 19 novembre 1886 déclare que la diffamation non publique et l'injure non publique sont *punies* non par la loi de 1881, mais par les art. 376 et 471 du Code pénal.

Dans tous ces arrêts, on pose comme base de la décision une déclaration disant que la loi de 1881 *punit* suivant les uns, *ne punit pas* suivant les autres, la contravention d'injure et la diffamation non publiques. De même, dans la doctrine, on discute aussi tout d'abord cette question. De là dépend, en effet, la question de savoir si l'art. 65, c'est-à-dire si la prescription de trois mois est ou n'est pas applicable à l'injure et à la diffamation

n'a pas abrogé l'art. 471 du Code pénal, que c'est cet article qui aujourd'hui comme précédemment punit l'injure non publique, il était faux de dire au Supplément après l'arrêt de Cassation du 21 déc. 1885 « qu'aujourd'hui, « sans aucun doute, l'injure non publique est prévue et punie par la loi « de 1881, art. 33, § 3, que ce paragraphe ne renvoie à l'art. 471 que « pour le *quantum* de la peine. »

Il était faux également de dire que cette contravention était soumise aux dispositions spéciales de cette loi dérogeant au droit commun, que notamment les actions qui en résultent sont soumises à la prescription de 3 mois par application de l'art. 65 de ladite loi, puisque cette application n'était enseignée que comme *une suite, un résultat* du principe précédent émis par erreur. Ce principe étant erroné, étant faux, les conséquences qu'on en a tirées tombent et disparaissent avec lui.

non publiques, et voilà que l'arrêt de 1891 semble ignorer l'existence et l'importance de cette question primordiale, qu'il se cantonne dans les obscurités, dans l'équivoque du mot *prévu* et fonde sa décision sur cette constatation que l'art. 33, ayant en sa disposition finale déclaré que la contravention d'injure non publique ne serait punie que de la peine édictée par l'art. 471 du Code pénal, l'avait par là même *prévue!*

Oui, sans doute, par cela seul, elle est prévue en tant que mentionnée. Mais dans quel sens l'art. 33 l'a-t-il prévue? l'a-t-il mentionnée? Est-ce pour en faire une disposition nouvelle substituée aux dispositions antérieures? Est-ce, en me servant du mot employé dans l'arrêt de 1891 lui-même, pour faire une simple déclaration? pour marquer par ce renvoi de l'injure non publique seule à l'art. 471 que le domaine d'application de cet article était désormais limité à la seule injure non publique?

Que celle-ci demeurait seule soumise, suivant les termes du § 3 lui-même, aux peines prévues par l'art. 471?

C'est là ce qu'il importe de considérer; c'est ce que n'a pas fait l'arrêt de 1891. Il semble que sentant la conséquence qui ressort inévitablement du point de droit établi par l'arrêt de cassation du 18 novembre 1886 précité, le rédacteur de l'arrêt de 1891 a biaisé en s'attachant à un mot équivoque, n'osant revenir contre une pratique défectueuse qu'il faut, au contraire, condamner avec franchise.

Un jugement du tribunal civil de la Seine, en date du 26 janvier 1897 (*Gazette du Palais* du 1er février 1897), confirmant un jugement de justice de paix, qui avait appliqué la prescription de trois mois à un cas de diffamation non publique, motive ainsi sa décision :

« Attendu que la prescription de trois mois, édictée par l'art. 65
« de la loi de 1881, a toujours été appliquée à l'action civile
« fondée sur une diffamation non publique. »

Voilà, certes, un argument bien dépourvu de valeur juridique. De cela seul qu'on a décidé en ce sens, on en conclut qu'il faut décider dans le même sens.

Il ne s'agit pas de rechercher seulement ce que d'autres ont fait, mais s'ils ont eu raison de le faire; il s'agit de rechercher si vous pouvez prononcer au profit de l'offenseur la déchéance de droit de l'offensé, au profit du diffamateur la déchéance de droit du diffamé, à raison de l'échéance d'un délai réduit à trois mois, qui aura pu, le plus souvent, courir sans que l'offensé ou le diffamé aient été informés qu'ils avaient été déconsidérés, qu'ils avaient été déshonorés; il s'agit enfin de savoir si vous pouvez établir que cette déchéance du droit de demander réparation pour injure ou diffamation non publique a été voulue par le législateur de 1881, qui a déclaré, par le titre déjà cité du chapitre IV, qu'il n'entendait, comme la loi de 1819, régler que la *répression des crimes et délits commis par des moyens de publication.*

Les décisions inspirées par des apparences de raisons trompeuses se sont ainsi succédées par imitation, se servant d'étais les unes aux autres sans qu'aucune ait pu être assise sur un fondement légal qui fait absolument défaut.

CONCLUSION.

Nous appuyant sur l'examen approfondi des textes visés plus haut, sur l'arrêt de cassation du 18 novembre 1886 appuyé lui-même sur l'art. 68 dont il atteste le véritable sens, nous disons que le législateur de 1881 n'a pas voulu légiférer sur l'injure non publique, qui était en dehors de son objet; qu'il n'a pas voulu faire du § 3 de l'art. 33 une disposition nouvelle substituée aux dispositions antérieures; que ce paragraphe constitue une simple déclaration déterminant le domaine d'application désormais réduit de l'art. 471. Nous disons que l'injure non publique et la diffamation non publique sont actuellement, comme avant la loi de 1881, punies par les art. 376 et 471 du Code pénal.

Considérant que l'arrêt de 1891 précité basé sur une ambiguïté, sur l'équivoque du mot *prévu*, ne contient rien qui infirme cette constatation et la conséquence qui en dérive logiquement;

Considérant qu'en effet, d'une part, il n'est pas sérieusement contestable que le mot prévu dans l'art. 65, comme dans l'art. 68, comporte le sens du mot puni; qu'il n'est pas moins incontestable qu'on ne saurait affirmer que l'injure non publique est prévue par la loi de 1881, en ce sens qu'elle est punie par cette loi sans se mettre en contradiction évidente avec les textes irrécusables susvisés;

Considérant, d'autre part, qu'il serait impossible sans blesser la raison, d'affirmer que de cela seul que l'injure non publique est mentionnée dans le § 3 de l'art. 33 où elle n'est dénommée que pour être renvoyée à l'art. 471, que pour être maintenue en dehors de la loi *sur la presse et les autres moyens de publicité* d'où sa nature déterminée par sa qualification même l'exclut; qu'il est impossible, disons-nous, d'affirmer que du fait seul que l'injure non publique est mentionnée, est nommée dans la loi de 1881, il résulte que le législateur a voulu faire bénéficier les auteurs de cette contravention de dispositions exceptionnelles édictées à raison de circonstances qui lui sont étrangères, par une loi à laquelle elle n'appartient pas;

Que la raison dit nettement, au contraire, que le législateur n'a pu avoir une pareille pensée;

Nous concluons :

Que la prescription de trois mois édictée par la loi de 1881 pour les crimes, délits et contraventions se rapportant aux moyens de publication qui font l'objet de cette loi ne peut être appliquée à l'injure non publique demeurée dans le droit commun, demeurée attachée à l'art. 471 du Code pénal.

Nous disons qu'il est plus évident encore, s'il est possible, que cette prescription exceptionnelle ne peut être appliquée à la diffamation non publique qui n'est pas même dénommée dans cette loi;

Que la seule prescription applicable à ces deux contraventions est la prescription d'un an établie par la disposition de droit commun écrite dans l'art. 640 du Code d'instruction criminelle.

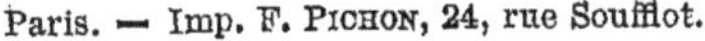

Paris. — Imp. F. Pichon, 24, rue Soufflot.

www.ingramcontent.com/pod-product-compliance
Ingram Content Group UK Ltd.
Pitfield, Milton Keynes, MK11 3LW, UK
UKHW020453220726
13923UKWH00006B/2511